A Wider

Über die Aetologie der retinitis pigmentosa

A Wider

Über die Aetologie der retinitis pigmentosa

ISBN/EAN: 9783743613089

Hergestellt in Europa, USA, Kanada, Australien, Japan

Cover: Foto ©ninafisch / pixelio.de

Manufactured and distributed by brebook publishing software
(www.brebook.com)

A Wider

Über die Aetologie der retinitis pigmentosa

Unter Retinitis pigmentosa soll zunächst nur jene Erkrankungsform verstanden sein, welche, ohne absolut pathognomonische Kennzeichen zu besitzen, durch die eigentümliche Combination mehrerer Symptome charakterisirt wird und unter dem Namen typyische Pigmententartung der Netzhaut oder Retinitis pigmentosa congenita [1]) bekannt ist. Ausgeschlossen sind damit alle jene e r w o r b e n e n Retinal- und Chorioidealaffektionen, bei denen es wohl auch zu einer Pigmentablagerung in der Netzhaut kommt, die sich aber sowohl durch ihre Aetiologie, als durch ihr pathologisch-anatomisches und klinisches Verhalten meist scharf trennen lassen von der typischen Retinitis pigmentosa.

Die a n a t o m i s c h e n Veränderungen bestehen in chronischer, interstitieller Bindegewebswucherung sämmtlicher Schichten der Retina, in Sklerosirung der Gefässwandungen mit Verengerung ihres Lumens, in Veränderung des Pigmentepithels in der Weise, dass es teils zu Atrophie desselben, teils zu Neubildung von stark pigmentirten Zellen und Infiltration in die Netzhaut kommt, endlich in Atrophie der nervösen Elemente.

Die Pigmentirung nimmt in der Regel die Gegend des Aequators ein, wo sie einen ziemlich breiten Gürtel bildet; die Pigmentmassen sind vorzugsweise an den Gefässen und an

---

1) cf. M a g n u s , Die Blindheit, ihre Entstehung und Verhütung. 1883. pag. 126.

deren Teilungsstellen abgelagert. Die Chorioidea zeigt nur geringfügige Veränderungen, stellenweise ist sie mit der Netzhaut verwachsen, an diesen Stellen findet sich besonders starke Pigmentwucherung, wie denn überhaupt die äusseren Schichten der Retina die stärksten Veränderungen erfahren. Das Pigmentepithel ist in der Weise verändert, dass die Zellen ihres Pigmentes beraubt, völlig farblos, kleiner als normal und unregelmässig sind. Züge von Pigmentzellen lassen sich mitunter bis in die Faserschicht verfolgen. Der Sehnerv ist atrophisch bis zum Chiasma und darüber hinaus. Der ophthalmoscopische Befund zeigt ein mattes, gleichmässiges, wie von einem äusserst zarten Schleier bedecktes Aussehen der Papille, eine diffuse, oft · fein punktirte Entfärbung des Pigmentepithels, tief schwarzes Pigment in Gestalt kleiner, zackiger oder strahliger Flecke (»Knochenkörperchenform«) von der Peripherie gegen das Centrum vorrückend. Die Retinalgefässe erscheinen schon in früher Zeit verengt, sind nur noch als dünne, rote Fäden sichtbar und verschwinden in der Peripherie.

Von den klinischen Symptomen, welche dieses Krankheitsbild auszeichnen, ist die Hemeralopie, Nachtblindheit (Nachtschatten) dasjenige, welches am frühesten auf die Krankheit aufmerksam macht. Dieselbe besteht in einem Torpor retinae in der Weise, dass bei abnehmender Beleuchtung das Sehvermögen sehr herabgesetzt ist, während bei guter Beleuchtung noch verhältnissmässig gut gesehen wird. Es erklärt sich dies aus dem Verhalten der centralen Sehschärfe, die noch gut erhalten sein kann, obwohl der Process in der Peripherie der Netzhaut sich schon etablirt hat und die erst im weiteren Verlaufe der Krankheit langsam abnimmt, bis schliesslich vollständige Erblindung eingetreten ist. Ein charakteristisches Symptom ist ferner die concentrische Gesichtsfeldeinschränkung, welche langsam immer grössere Fortschritte macht, bis schliesslich durch Uebergreifen des Defektes auf den Fixirpunkt Amaurose eintritt. In seltenen Fällen wurden gürtelförmige und centrale Skotome beobachtet. Der Farbensinn ist anfangs normal, wird erst in späteren Stadien herabgesetzt.

Die Krankheit tritt meist auf beiden Augen auf, wenn

auch zeitlich manchmal etwas verschieden und tritt gewöhnlich in den ersten Jahren der Kindheit und der Pubertät zu Tage, selten im späteren Lebensalter.

Neben diesem wohl charakterisirten Krankheitsbilde der Retinitis pigmentosa, gibt es noch einige Abweichungen oder Variationen desselben. Dahin gehört die angeborene Amaurose, nach Leber [1]) »eine wahre Retinitis, welche bereits in der fötalen Zeit zu einem vollständigen Verlust des Sehvermögens geführt hat, zur Zeit der Geburt aber sich noch im pigmentfreien Stadium befindet. Die Uebereinstimmung der ophthalmoskopischen Veränderungen im Beginne und im allmäligen Fortschreiten, die Gleichheit des Ausganges in Erblindung und die Gemeinschaft des ätiologischen Momentes beweisen die nahe Verwandtschaft mit der Retinitis pigmentosa.« Ferner gehört hierher die Retinitis pigmentosa sine pigmento, von Leber »als pigmentfreie Phasen der Retinitis pigmentosa bezeichnet, als deren erstes Stadium der chronische Torpor retinae angesehen werden kann [2]).« Endlich ist hierher zu rechnen die angeborene Hemeralopie, in seltenen Fällen auftretend, ohne Gesichtsfeldeinschränkung und die erworbene Pigmentdegeneration, bei der es sich nach Leber [3]) »wahrscheinlich um einen ähnlichen, aber stehen gebliebenen Prozess handelt.«

In der vorophthalmoskopischen Zeit wurde diese Krankheit, wie überhaupt alle, deren Erblindungsursache im Innern des Auges verborgen lag, Amaurose genannt. Max Langenbeck war der erste, welcher im Jahr 1836 [4]) beiläufig eine krankhafte Pigmentirung der Retina erwähnte unter der Bezeichnung »Melanosis retinae«. 2 Jahre später veröffentlichte v. Ammon [5]) 2 Abbildungen der Retina (unter dem Namen

1) Archiv für Ophthalm. Bd. XV, 3.
2) A. f. O. XVII, 1. S. 314.
3) Gräfe-Sämisch, Bd. V.
4) De retina observationes anatomico-pathologicae. Göttingen.
5) Klin. Darstellungen des menschlichen Auges. Berlin. Tab. XIV, Fig. 9 u. 10.

»getigerte Netzhaut«), in welcher Pigmentflecken auf der Faserschicht ausgebreitet waren, die sich von dem Centrum gegen
die Peripherie hin deutlich vermehrten. Im Jahr 1853 besass
schon E. Jäger ophthalmoskopische Abbildungen von dieser
Affektion, welche Van Trigt um diese Zeit bei einem Patienten mit Cataracta polaris posterior entdeckt hatte.

1854 wurden die ersten Zeichnungen von Retinitis pigmentosa veröffentlicht durch Ruete [1]), ohne dass von demselben
die Affektion bezeichnet worden wäre. Erst durch Donders
erhielt die Krankheit ihren jetzigen Namen, als er 1857 die
ersten pathologisch-anatomischen Studien darüber machte. Auch
die seltenen Fälle der angeborenen Amaurose waren
schon vor Erfindung des Augenspiegels bekannt; so sagt Himly [2]) »Erblichkeit der Amaurose kommt vor bald als angeborener Fehler, bald und häufiger tritt sie erst in einer gewissen
Lebensperiode ein ähnlich der Taubheit.« Er citirt mehrere
Beispiele von Weller, Demours und Lusardi und lässt
die Amaurosis congenita auf einem Bildungsfehler beruhen,
etwa auf einer zu dünnen, fast flüssigen Beschaffenheit der
Netzhaut oder des Sehnerven.

Die wirkliche Erkenntniss des Leidens stammt erst aus der
ophthalmoskopischen Zeit und zwar war es Albrecht v. Gräfe,
welcher 1856 einen genauen ophthalmoskopischen Befund lieferte.

v. Gräfe war es auch schon, der den Einfluss der Heredität auf
das Auftreten der Krankheit betonte, und er glaubte in diesem
Moment unter anderem einen Faktor zu sehen, der gegen einen
entzündlichen Prozess und für eine tief wurzelnde trophische
Störung spreche. Gräfe ist auch das Zusammentreffen von Retinitis pigmentosa mit Taubstummheit und Idiotismus bekannt
und es ist ihm wichtig zu wissen, ob bei solchen Patienten in
der Ausbreitung des Nervus acusticus Pigmententartung zu-
gegen ist.

Bei dem Dunkel, das über das Wesen der Krankheit ausgebreitet lag, war es begreiflich, dass die Aufmerksamkeit der
Ophthalmologen sich besonders den pathologisch-anatomischen

---

1) Bildliche Darstellungen der Krankheiten des menschlichen Auges.
2) Himly, Krankheiten und Missbildungen etc. 1843. II. p. 411.

Befunden zuwendete; nachdem man zu einer einheitlichen Auffassung des anatomischen Bildes der Erkrankung gelangt war, gieng man auch an die genauere Erforschung der Aetiologie des Leidens.

Dass hereditäre Verhältnisse eine bedeutende Rolle dabei spielen, wurde schon frühe angenommen. Die, wenn auch seltene, direkte Uebertragung der Krankheit von den Eltern auf eines oder mehrere Kinder, die Uebertragung einzelner Symptome derselben, wie Hemeralopie, das häufige Befallensein mehrerer Glieder derselben Familie, endlich der Umstand, dass sich die Krankheit selbst durch eine Reihe von Generationen fortpflanzte, machte das Bestehen einer hereditären Anlage augenscheinlich. In der That hat die Literatur Fälle genug aufzuweisen, bei welchen der Vererbung eine Rolle als ätiologischem Momente zuzuweisen ist, zumal da der Begriff Vererbung nicht bloss die Uebertragung derselben Krankheitsform von den Eltern auf die Nachkommenschaft in sich schliesst, sondern ein Variieren der vererbten Anomalie oder Missbildung zulässt. Eine deutliche Illustration dafür, dass nicht die Krankheitsform selbst, sondern nur die Anlage dazu vererbt werden kann, bietet ein Fall von H. Schmidt[1]), in welchem der Vater an vielleicht angeborener Atrophie eines Sehnerven litt, das älteste Kind eine Bildungsanomalie beider Optici ohne Funktionsstörung hatte, die 2 jüngern Kinder aber an typischer Retinitis pigmentosa erkrankten. Die enge Verbindung letzterer mit Sehnervenleiden ist genügend bewiesen.

In ähnlicher Weise führt Donders[2]) einen Fall an, wo der Vater nur an Hemeralopie litt, ohne Pigmentirung der Retina, der Sohn bei den gleichen Symptomen schwarze Streifchen in der Retina zeigte. Mooren erwähnt verschiedene Fälle der Art[3]): eine Mutter mit Retinitis pigm. behaftet, stellte ihre beiden Kinder vor, bei denen Hemeralopie ohne Pigment in der Retina sich fand. Das früheste Vorkommen einer Andeutung von

---

1) Klin. Monatsbl. XII pag. 29.

2) Verhandlungen der vom 3.—6. September 1859 in Heidelberg versammelten Augenärzte. Berlin. 1860.

3) Mooren, Fünf Lustren ophthalmologischer Wirksamkeit. 1882.

Pigment sah Mooren ¹) in den Augen eines 3jährigen Knaben;
3 Jahre später hatte keine weitere Pigmentablagerung statt-
gefunden, aber die Hemeralopie hatte zugenommen. Die Eltern sind nicht blutsverwandt, aber eine Schwester der Mutter
hat 5 Kinder, die sämmtlich an Retinitis pigmentosa oder congenitaler Hemeralopie leiden.

Diese Fälle beweisen, dass angeborene Nachtblindheit in der
einen Generation der Entwickelung von Retinitis pigmentosa
vorausgehen, in der andern ihr nachfolgen kann, dass die Störung
bei dem einen Teil der Familie in Form der Hemeralopie, bei
dem anderen in Form der Pigmentablagerung auftritt, ja dass
bei einem und demselben Individuum das eine Auge in dieser,
das andere in jener Weise erkranken kann.

Mooren sah ferner ²) eine Familie, in der drei Brüder
und der Oheim von dem Uebel befallen waren; seit jener Zeit
sah er aus einem Seitenzweige derselben Familie nochmals 3 Brüder mit demselben Leiden behaftet. Beide Familienzweige konnten
ihren Ursprung auf e i n e n Urgrossvater zurückführen, der seine
Cousine zur Frau hatte.

Inwieweit der Einfluss der Vererbung Schwankungen unter-
worfen ist, zeigt sich auch darin, dass höchst selten alle Kinder
von der Krankheit oder dem einen oder anderen Symptome befallen sind. Manchmal findet sich eine gewisse Regelmässig-
keit der Abwechselung zwischen gesunden und an angeborener
Retinitis pigmentosa resp. Nachtblindheit leidenden Kindern.
Es wurde dies schon von älteren Autoren erwähnt und finden sich
darüber Beobachtungen von Richter und Stiévenart ³). Leber fand in zwei Familien das 2. 4. und 6. Kind ergriffen; im
zweiten Falle bestand aber trotz angeborener Amaurose kaum
eine Veränderung im ophthalmoskopischen Befunde, die Gefässe
waren nur wenig verengt. Angeborene Amaurose sämtlicher 9
Kinder wurde von Pauli ³) mitgeteilt. In manchen dieser Fa-

---

1) l. c.
2) Ophthalmol. Mitteil. aus dem Jahre 1873.
3) cf. Gräfe-Sämisch. Bd V. p. 655.

milien kommt habituelle Kindersterblichkeit abwechselnd mit Pigmentdegeneration bei den Ueberlebenden vor.

In der Bonner Klinik [1]) wurden solche Fälle beobachtet, ebenso von Hutchinson [2]) und Maes [3]).

Pagenstecher [4]) bringt den Stammbaum einer Familie, in welcher Hemeralopie erblich ist; das Uebel betrifft mit Ueberspringen einer Generation nur die männlichen Glieder. Endlich sei noch das bekannte Beispiel dieser durch Generationen hindurch vererbten Anomalie erwähnt:

Cunier [5]) berichtet von einer Familie, in der seit dem Jahr 1637 angeborene Nachtblindheit heimisch ist und in der nicht weniger als 125 Familienglieder mit dieser Affektion erblich belastet gewesen sind.

Eine numerische Zusammenstellung der Fälle, in denen »Heredität« ätiologisch eine Rolle spielt, wird sich wohl kaum geben lassen, da die Autoren den Begriff »Heredität« bald in dem Sinn direkter Erblichkeit, bald in dem hereditärer Anlage (Befallensein mehrerer Geschwister) anwenden und nur selten ausdrücklich unterscheiden.

In der vorophthalmoskopischen Zeit war es Dumont [6]), welcher den Versuch machte, für die Vererbung der Blindheit von Eltern auf die Kinder numerische Anhaltspunkte zu gewinnen. Er glaubt unter 1168 Blinden 68 Mal den Beweis für die Heredität der Blindheit führen zu können, d. h. also in 5,8% der Blindheit überhaupt. Dabei fand er unter diesen 68 Fällen als Form der ererbten Blindheit 22 Mal die der »Amaurose«, also würden die unter diesem Namen zusammengefassten Krankheiten 1/3 aller Fälle ausmachen.

Was speziell die Retinitis pigmentosa betrifft, so sah Le-

---

1) Derigs, Inauguraldissertation. 1882.

2) Cases of Ret. pigm. with remarks. Ophth. Hosp. Rep. VI, p. 30.

3) nach Leber l. c.

4) Ueber Erblichkeit der Hemeralopie. Centralblatt für praktische Augenheilkunde. 1878.

5) Histoire d'une héméralopie héréditaire. Annal. d'Ocul. I, 2. p. 31.

6) Recherches statistiques sur les causes et les effets de la cécité. Paris 1856. p. 83—86.

b e r [1]) in 66 Fällen von Ret. pigm. 22 Mal (= 33,3%) andere Geschwister ergriffen.

H u t c h i n s o n [2]) sah von 23 Fällen in 10 (= 43%) mehr als 1 Familienglied befallen.

N o l d e n [3]) berichtet Heredität in 2 Fällen von sämmtlichen 33 Fällen.

D e r i g s [4]) fand unter 27 Fällen 9 Mal Geschwister betroffen, 4 Mal zugleich mit Blutsverwandtschaft der Eltern, 2 Mal waren entferntere Verwandte ergriffen.

Direkte Erblichkeit wurde höchst selten beobachtet: L e b e r fand sie unter 66 Fällen 1 Mal, D e r i g s unter 60 Fällen 2 Mal.

Wie oben erwähnt, hatte schon v. G r ä f e auf den Zusammenhang zwischen Retinitis pigmentosa und Taubstummheit hingewiesen. Seither hatten sich diese Beobachtungen gehäuft.

Während man nun für R e t i n i t i s p i g m e n t o s a hereditäre Verhältnisse in vielen Fällen verantwortlich machen zu können glaubte, liess bei der T a u b s t u m m h e i t dieses ätiologische Moment im Stich. Trotz genauer Nachforschung nach diesem ätiologischen Faktor kam man schliesslich zu der Ueberzeugung, T a u b s t u m m h e i t sei überhaupt nicht erblich. Bei sorgfältiger Prüfung der anamnestischen Angaben konnte jedoch den Aerzten das häufige Zusammentreffen von T a u b s t u m m h e i t d e r K i n d e r mit C o n s a n g u i n i t ä t der E l t e r n nicht entgehen, um so mehr da schon zu Anfang des Jahrhunderts von französischen Aerzten wie F o d e r é [5]) und E s q u i r o l [6]) Blutsverwandtschaft der Eltern als die Ursache von Geisteskrankheiten der Nachkommenschaft beschuldigt worden war.

---

1) G r ä f e - S ä m i s c h Bd V.
2) On retin. pigm. and allied affections as illustrating the laws of heredity. Referirt in Centralbl. f. Augenheilk. 1881. p. 445).
3) Inaug.dissert. Bonn 1876.
4) Inaug.dissert. Bonn 1882.
5) Traité du goître et du cretinisme. Paris. A. d. Fr. Berlin 1796.
6) Des maladies mentales. 1838.

Das Verdienst nun zuerst in Deutschland für die Retinitis pigmentosa ein neues ätiologisches Moment hervorgehoben zu haben, gebührt Liebreich, der in einem 1862 gehaltenen Vortrage [1]) die Aufmerksamkeit der Ophthalmologen auf den schädlichen Einfluss der Verwandtenehen hinlenkte. Bei der Untersuchung der Taubstummenanstalten Berlins fand er mit Berücksichtigung der Seltenheit der Krankheit auffallend häufiges Zusammentreffen von Taubstummheit mit Retinitis pigmentosa und in einer Anzahl solcher Fälle Blutsverwandtschaft der Eltern. Nach Liebreich macht sich eine Beziehung beider Krankheiten noch insofern geltend, als die verschiedenen Glieder einer Familie, in der sich dieselben finden, entweder von beiden befallen oder von beiden verschont werden. Auch unter den Idioten fand er eine relativ grosse Zahl mit Retinitis pigmentosa behaftet und auch hier wieder Consanguinität der Eltern. Liebreich glaubt, dass die Eigentümlichkeit der Cretinen beim Sehen von Gesichtsfeldbeschränkung abhänge. Bei Retinitis pigmentosa soll sich Blutsverwandtschaft der Eltern in auffallend häufiger Weise finden, viel häufiger als bei Taubstummheit, Idiotismus, Wahnsinn u. s. w., nemlich in $\frac{1}{3}$ der Fälle von Retinitis pigmentosa, die mit Taubstummheit oder Idiotismus combinirt vorkamen. Auffallend ist ihm die häufige Belastung der Juden mit dieser Krankheit. Die Häufigkeit der Verwandtenehen unter den Juden erklärt ihm jedoch den hohen Procentsatz von Retinitis pigmentosa und Taubstummheit unter den Angehörigen dieser Confession. Von 241 Taubstummen waren **14** (darunter 8 Juden) mit Retinitis pigmentosa behaftet, davon stammten

aus Verwandtenehen 5 (= 30, 7 %),

Verwandtschaft der Eltern war ausgeschlossen bei 7,

bei 2 war über diesen Punkt nichts zu erfahren.

Von **18** Hörenden mit Retinitis pigmentosa waren bei **8** (= 44,4 %) die Eltern Geschwisterkinder,

bei 5 war Verwandtschaft nicht vorhanden,

in 5 Fällen darüber nichts bekannt.

1) Deutsche Klinik Nro. 6. 1861.

Von 50 Idioten waren 3 mit Retinitis pigmentosa behaftet, davon stammte 1 (= 33,3%) aus einer Verwandtenehe.

Von sämmtlichen 35 Fällen mit Retinitis pigmentosa (3 Idioten, 18 Hörenden, 14 Tauben) war bei 14 (= 40,0%) Verwandtschaft der Eltern nachzuweisen, bei 12 Verwandtschaft der Eltern ausgeschlossen, bei 9 darüber nichts zu erfahren.

Später fand Liebreich [1]) unter 100 Fällen von Retinitis pigmentosa 45 Kinder von blutsverwandten Eltern stammend; Liebreich nimmt demgemäss an, dass ungefähr 40% von an Retinitis pigmentosa leidenden Kindern blutsverwandte Eltern haben.

Trotz diesen scheinbar überzeugenden statistischen Thatsachen hat es nie an Stimmen gefehlt, welche nicht nur verhängnissvolle Folgen für das Sehorgan der Abkömmlinge aus Verwandtenehen läugneten, sondern überhaupt den Zusammenhang zwischen solchen Ehen und daraus entspringenden Nachteilen bestritten.

Zunächst waren es französische Forscher, so Voisin [2]), welche in consanguinen Ehen keine Nachteile mit Bezug auf Fruchtbarkeit und Gesundheit der Kinder finden. Voisin beruft sich auf den vortrefflichen Gesundheitszustand der Bewohner der Gemeinde Batz an der unteren Loire, welche schon seit langer Zeit untereinander heiraten. Ancellon stellte die Resultate der Statistik der Nachkommenschaft nicht blutsverwandter Ehen denen der blutsverwandten Ehen zu Ungunsten der ersteren gegenüber [3]). »Bourgeois und Seguin haben die Stammbäume ihrer eigenen Familien veröffentlicht und trotz häufiger Heiraten sehr naher Verwandter in denselben war es beiden Aerzten nicht möglich, irgend welches Beispiel von Taubstummheit, Hydrocephalus u. dgl. in den nahezu 200 Jahre bestehenden Familien nachzuweisen. Zu dem gleichen Resultate gelangte Child in England und Bally in Frankreich [4]).« In

---

1) Prager Vierteljahrsschrift. Jahrgang 1863. I. p. 11.
2) Contribution à l'histoire des mariages entre consanguins. 1866.
3) cf. Hartmann, Taubstummheit u. Taubstummenbildung. 1880. p. 63.
4) cf. Referat. Archiv f. Ohrenheilkunde. Bd XII. p. 182.

neuerer Zeit ist es sodann George H. Darwin, der Sohn des
Naturforschers, welcher in einem Vortrage [1]) die Ansicht entwickelt, »dass wir nicht im Stande sind mit Zahlen den Beweis
für die Schädlichkeit und Verwerflichkeit der blutsverwandten
Ehen zu führen.« Auf Grund breiter statistischer Basis kommt
er zu dem Resultate, dass, »was Irrsinn und Blödsinn anlangt,
ein aus Ehen zwischen Blutsverwandten erwachsendes Unheil nicht
nachgewiesen werden kann.« »Was die Taubstummen anlangt«,
sagt er, »so ist das Verhältniss der Kinder aus Geschwisterkinderehen genau dasselbe (= 1,9 %) wie das Verhältniss solcher Ehen
für die grossen Städte (= 1,5 %) und für das Land und daher
gibt es durchaus keine Gewissheit für irgend welche nachteilige
Wirkungen, die in Folge der Geschwisterkinderschaft der Eltern
für die Nachkommen erwuchsen.«

Es ist hier nicht die Aufgabe ein Urteil abzugeben über
die Zuverlässigkeit der Darwin'schen Untersuchungen, die von
schwerwiegenden Bedenken keineswegs frei sind. Welche Glaub-
würdigkeit man auch den statistischen Angaben G. H. Darwin's
zumessen mag, soviel steht fest, dass er sich im Widerspruch
befindet mit den meisten deutschen, französischen und englischen
Forschern, die, auf eine bestimmte Krankheitsform sich beschrän-
kend, ein numerisch geringeres statistisches Material zwar zur
Verfügung hatten, aber eben desshalb zu exakteren Resultaten
gelangt sein dürften.

Vor Kurzem hat ferner Magnus [2]) auf die Ergebnisse der Arbeit Darwins hinweisend, selbständige Untersuchungen über die Frage der aus Verwandtenehen hervorgehenden
Schädlichkeitsmomente gemacht. Ohne zu läugnen, dass speziell
für die angeborene Blindheit Consanguinität den pathogeneti-
schen Faktor bilden kann, wirft er die Frage auf, ob dieser
Einfluss, welchen consanguine Ehen nachweisbar üben, nun auch
ein typisch ausgeprägter und darum charakteristischer sei? Er
weist auf die häufig gemachte Beobachtung hin, dass in einer
Familie mehrere Mitglieder mit angeborenen Sehstörungen be-

---

1) Die Ehen zwischen Geschwisterkindern und ihre Folgen. Leipzig 1876.
2) l. c.

haftet sind, ohne dass irgend ein verlässlicher Grund, weder Blutsverwandtschaft der Eltern, noch Vererbung eines bei den Eltern dagewesenen analogen Fehlers, aufzufinden wäre. Indem er für solche Fälle die Rubrik »congenitale Belastung ohne Vererbung und Consanguinität« aufstellt, sucht er nach dem procentarischen Vorkommniss dieser »congenitalen Belastung ohne Vererbung und Consanguinität« und findet

nach eigener Berechnung in 14,1%,

nach L e b e r s [1]) Berechnung in 21,2%,

nach D e r i g s [2]) in 11,6% congenitale Belastung ohne Vererbung und Consanguinität. Indem er nun das procentarische Verhältniss der aus consanguinen Ehen hervorgehenden Schädlichkeiten (nach L e b e r 27,3%) vergleicht mit dem aus Ehen mit congenitaler Belastung ohne Vererbung und Consanguinität (nach L e b e r 21,2%) gelangt er zu dem Schluss, dass »consanguine und nichtconsanguine Ehen ihre Nachkommenschaft mit einem sowenig unterschiedenen Procentsatz von Sehstörungen belasten, dass man keine Berechtigung hat, für blutsverwandte Ehen besondere Nachteile abzuleiten.« Indem M a g n u s also zugibt, dass Schädlichkeiten sich für das Sehorgan aus consanguinen Ehen zwar ergeben können, dass aber das procentarische Vorkommniss derselben von dem für nichtconsanguine Ehen giltigen nicht so erheblich abweicht, um das fragliche Verhältniss zu einem typischen und charakteristischen stempeln zu dürfen, will er dieses Ergebniss nur auf das Auge beschränkt und ihm vor der Hand keine allgemeine Giltigkeit zuerkannt wissen. Um ein solches Resultat verallgemeinern zu dürfen, hält er es für nötig zu wissen, ob und in welchem Masstabe Ehen n i c h t verwandter Personen auch die andern Organe des Körpers mit Defecten belasten. Erst dann könnte ein Vergleich zwischen consanguinen und nichtconsanguinen Ehen gemacht werden.

Vor der später folgenden statistischen Zusammenstellung der mir zugänglichen Mitteilungen betreffend das Vorkommen

---

1) l. c.

2) D e r i g s, Inauguraldissertation 1882.

der Retinitis pigmentosa bei der Nachkommenschaft aus Verwandtenehen, dürfte es zweckmässig sein, in einem kurzen Nachweise der für andere Organe des Körpers aus Geschwisterkinderehen entstandenen Nachteile eine Analogie für die so typische Erkrankung des Sehorgans zu suchen.

Bekanntlich nehmen die Gesetzgebungen der Culturvölker des Altertums und der Neuzeit in verschiedener Weise Stellung gegenüber den Ehen Blutsverwandter. Während einige derselben diese Ehen verdammen, z. T. mit schweren Strafen bedrohen, gestatten andere dieselben sogar unter den nächsten Blutsverwandten. Schon häufig ist die Geschichte einzelner Herrscherfamilien des Altertums und der Neuzeit bei der Behandlung der Frage der Folgen der Ehen Blutsverwandter beigezogen worden. So hält es z. B. Ribot[1] nicht für zu gewagt »den vorzeitigen Zerfall der Königsfamilien der Seleuciden und Lagiden als eine Wirkung solcher Blutsverwandtenehen anzusehen« und auch in neuerer Zeit fehlt es an derartigen Versuchen nicht. »Die Geschichte«, sagt P. Lucas, »bezeugt die üblen Folgen dieser Ehen beim Menschen. Die Familien des hohen Adels, gezwungen, sich unter einander fortzupflanzen, erloschen nach Niebuhr auf dieselbe Weise und zwar durchlaufen sie dabei häufig die Uebergänge zur Entartung, Geisteskrankheit, Schwach- und Blödsinn. Esquirol und Spurzheim führen wenigstens diesen Grund der häufigen Geistesstörungen und ihrer Vererbung in den grossen Familien Frankreichs und Englands an. Die Taubstummheit in den niedrigsten Familien scheint dieselbe Ursache zu haben« [1].

In ähnlicher Weise führt Mooren[2] zahlreiche Beispiele aus der neueren und neuesten Geschichte an, die die zunehmende Entartung von untereinander sich fortpflanzenden Fürstenfamilien illustriren sollen.

---

1) cf. Ribot, Die Erblichkeit. 1876. p. 318.
2) l. c.

Wenden wir uns von den Erfahrungen der Geschichte zu denen der medicinischen Wissenschaft, so scheint Foderé[1]) zu Anfang dieses Jahrhunderts unter den Ersten zu sein, welcher Blutsverwandtschaft der Eltern als Ursache der Geisteskrankheiten der Kinder beschuldigten. Esquirol verweist bei der Erörterung der causalen Verhältnisse der Geisteskrankheiten auf Foderé und kommt bei der Aetiologie von Epilepsie und angeborenem Blödsinn zu demselben Resultate.

Um bei den Geisteskrankheiten stehen zu bleiben, so stellte Mitschell[2]) in seiner über Schottland aufgenommenen Statistik, welche von G. H. Darwin als die gründlichste Forschung, die je angestellt wurde, bezeichnet wird, fest, dass von 711 Blödsinnigen 98 oder 13,8% Nachkommen von Blutsverwandten waren. Mitschell meint, dass dieses Verhältniss das Zehnfache der Ehen unter Blutsverwandten, welche ungefähr 1,3% betragen, ist. Von 260 Irrsinnigen waren 16% Kinder aus Verwandtenehen.

Bewis berichtet[3]), dass von 100 Idioten in den Asylen Amerikas 15 aus Ehen zwischen Blutsverwandten hervorgegangen waren, also ungefähr 13%.

Dr. Howe zeigte 1846[4]), dass in Massachusetts c. 5% blödsinnige Kinder aus solchen Ehen abstammen. Ferner führt er[5]) die Geschichte von 17 Ehen unter Blutsverwandten mit 95 Kindern an, von denen 44 = 46,3% Idioten waren. Nach Dunglissons Statistik[6]) stammen 13% Idioten von Blutsverwandten.

In den vereinigten Staaten dürfte die Zahl der Geschwisterkinderehen 2% nicht übersteigen (Marche).

---

1) l. c.
2) Edinb. medic. Journal. III. p. 1872. 1862.
3) refer. in W. Cl. Marche, Inauguraldiss. Leipzig 1863. Ueber den Einfluss der Ehen zwischen Blutsverwandten auf die Nachkommenschaft.
4) s. bei G. H. Darwin, die Ehen etc.
5) cf. Marche, Inaug.diss. s. o.
6) Amer. med. chir. rev. IV, 1860.

Rösch[1]) erwähnt die Heiraten unter Blutsverwandten als Ursachen des Cretinismus.

Für die Taubstummheit ist von Meissner[2]) mit Bestimmtheit die Blutsverwandtschaft als causales Moment hervorgehoben, während es früher nur vermutungsweise ausgesprochen wurde. Er glaubt, dass die Taubstummheit gar nicht erblich sei, eine Ansicht, die durch die Untersuchungen Boudins[3]) und Brochards gestützt wurde. Neuerdings wurde jedoch durch ausgedehnte Forschungen die direkte Erblichkeit, wenn auch selten eintretend, konstatirt[4]).

Chasarin[5]) macht darauf aufmerksam, dass solche Heiraten eine Reihe von Generationen hindurch wiederholt psychische und physische Entartung zur Folge haben. Er fand **30,3%** Taubstumme von Verwandtenehen stammend.

Nach Liebreich[6]) ist Taubstummheit unter den Juden häufiger (1 : 368) als unter den Christen (1 : 1477). Auch Meissner fand unter 9 bildungsfähigen Tauben 6 Juden.

Boudin, der wohl die eingehendsten Untersuchungen über diesen Gegenstand gemacht haben dürfte, dem jedoch auch der Vorwurf der Oberflächlichkeit entgegengehalten wurde, fand unter den Taubstummen

in Lyon 25% ⎫
in Paris 28% ⎬ taubstumme Kinder blutsverwandter Eltern[7]).
in Bordeaux 30% ⎭

Er nimmt dabei an, dass 2% von allen französischen Ehen zwischen Blutsverwandten stattfinden.

---

1) Untersuchungen über den Cretinismus in Württemberg. 1841.

2) Vierteljahrsschrift für gerichtliche Medicin. XV. 1. p. 123. 1859. »Die Ehen und Nachkommenschaft der Taubstummen vom medicinisch-polizeilichen Standpunkt aus.«

3) Annal. d'hyg. publiés Juillet 1862.

4) Hartmann, Taubstummheit und Taubstummenbildung. Stuttgart 1880.

5) Du mariage entre consanguins considéré comme cause de dégénérescence organique et particulièrement de surdimutité congénitale. Montpellier 1859.

6) l. c.

7) Annales d'Hygiène publique. Bd 18. p. 5—82.

Ferner teilt B o u d i n mit:

Auf 10,000 Einwohner kommen in J o w a Taubstumme

von der w e i s s e n Bevölkerung   2,3

von den sich ohne Unterschied vermischenden N e g e r n 212,0

in N e w h a m p t o n von den Weissen   6,3

von den Farbigen   166,0.

P e r r i n und B r o c h a r d [1]) fanden c. 25% Taubstumme aus solchen Ehen stammend.

B r o c h a r d [2]) fügt seinem Bericht hinzu: »In einer Familie mit 8 Kindern waren 4 taubstumme und zwar hatte allemal die Geburt eines taubstummen Kindes mit der eines mit Gehör und Sprache begabten abgewechselt. (Also auch hier eine Analogie mit der Retinitis pigmentosa.) Die Eltern waren Geschwisterkinder. — In der Voraussetzung, dass 2% von allen französischen Ehen zwischen Blutsverwandten stattfinden, ist somit die Zahl der aus blutsverwandten Ehen in Frankreich entspringenden Taubstummen 12 bis 15 Mal grösser als sie nach dem Verhältniss der blutsverwandten Ehen zu den gekreuzten sein sollte.

M i t s c h e l l, welcher auch an englischen Taubstummenanstalten untersuchte, findet [3]), dass unter 17 Fällen angeborener Stummheit einer (= 5,8%) von blutsverwandter Ehe stammt. Ebenso findet Dr. P e e t, dass in Irland von 16 Taubstummen 1 von Geschwisterkindern abstammt.

Im Anschluss daran sagt G. H. D a r w i n: »Man wird bemerken, dass meine Untersuchung, soweit sie überhaupt Wert hat, dazu beiträgt, Dr. M i t s c h e l l's Resultate zu entkräften. Aber vielleicht ist an der scheinbaren Entkräftung die Thatsache schuld, dass die grosse Mehrzahl der Engländer unter Verhältnissen lebt, die im Ganzen sehr günstig sind.«

H a r t m a n n [4]) erklärt die Aufnahmen der französischen Autoren P e r r i n, B o u d i n für nicht übereinstimmend mit dem

---

1) nach H a r t m a n n und M a r c h e s. o.

2) Gaz. méd. de Paris. 1862.

3) cf. D a r w i n p. 39.

4) l. c.

durch ausgedehnte Statistik festgestellten Verhältnisse. Jedenfalls
aber, sagt er, ergibt sich ein weit höherer Procentsatz von aus Ver-
wandtschaftsehen hervorgegangenen Taubstummen, als der Zahl
dieser Ehen entsprechen würde und müssen wir desshalb diese
Ehen als ein ursächliches Moment für das Zustandekommen der
angeborenen Taubheit beschuldigen.

Als eine weitere aus Verwandtenehen hervorgehende Anomalie dürfte der Albinismus aufzuführen sein.

Bewis (s. o.) zählt unter der Nachkommenschaft aus 17
Ehen zwischen Geschwisterkindern 5 Albinos.

Boudin [1]) bringt einen Fall einer Geschwisterkinder-
ehe, deren 3 erste Kinder Albinos waren, nur das vierte war
normal.

Wenn die Litteratur nicht allzureich an Fällen ist zur Ent-
scheidung dieser Frage, so lassen sich hier vielleicht die Erfahrungen der Tierzüchter verwerten, welche constatiren, dass
durch Paarung blutsverwandter Tiere Albinismus sich hervor-
rufen lässt. Ueberhaupt dürften die Beobachtungen der Tierzüchter auf die ganze Frage einiges Licht werfen. »Bei den
Tieren«, sagt Charles Darwin [2]), »giebt man allgemein zu,
dass die Folgen von Begattungen zwischen Nahverwandten, wenn
sie lange Zeit hindurch fortgesetzt werden, eine Einbusse an
Kraft, Grösse und Fruchtbarkeit nach sich ziehen.« Bei den
Vögeln findet Darwin eine beträchtliche Zahl von Beispielen,
durch welche die Vermischung Blutsverwandter als verderblich
erkannt wird. In Betreff des Menschen [3]) lehnt er jede Erörterung der Frage ab, »weil sie von Vorurteilen umgeben ist;
aber er scheint den Ehen Blutsverwandter abgeneigt zu sein.«

Endlich werden noch überzählige Bildungen und
Missbildungen auf Rechnung der Blutverwandtschaft gesetzt.

Deway [4]) beobachtete in 121 Fällen von Verwandtschaft
17 Mal Polydactylie, davon 13 Mal an beiden Händen 6 Finger,

---

1) cf. Marche. In. diss.

2) Das Variiren der Thiere und Pflanzen im Zustand der Domesti-
kation. 1873.

3) cf. Ribot.

4) Traité special de l'hygiène des familles. cf. Marche, In.diss.

Pes equinus unter 82 Fällen 5 mal, 1 Fall von Spina bifida, 2 Fälle von Hasenscharte.

Die Farbenblindheit, die selten im Verein mit Retinitis pigmentosa auftritt, wollte man früher auch von Blutsverwandtschaft abhängig machen. So sagt J. R. Wolfe: »Es ist sehr wahrscheinlich, dass Verwandtenheiraten wie zu Retinitis pigmentosa, zu Farbenblindheit beitragen und darum haben die Quäcker so viele Farbenblinde aufzuweisen [1].« Geissler [2] sagt jedoch: »Die Abstammung aus Ehen unter Verwandten tritt bei der Farbenblindheit in keiner irgendwie auffälligen Häufigkeit hervor, so dass solche Ehen wohl kaum Einfluss auf die Disposition haben können. Fontany hat bei seinen 217 Farbenblinden zwar 34mal Erblichkeit, aber niemals Abstammung aus consanguinen Ehen ermitteln können.»

Schnitz [3] fand unter 95 Fällen von Farbenblindheit in keinem Verwandtschaft der Eltern.

Wenn die eben gegebene Zusammenstellung zeigt, in welcher Weise Consanguinitätsehen die Nachkommenschaft mit Geisteskrankheiten, Taubstummheit und überzähligen Bildungen belasten, so möge im Folgenden noch die nahe Beziehung der Retinitis pigmentosa zu den angeführten Krankheiten Erwähnung finden.

Retinitis pigmentosa ist ziemlich häufig mit Taubstummheit oder Schwerhörigkeit complicirt. Liebreich fand [4] von 241 Taubstummen 14 mit Retinitis pigmensosa behaftet = 5,8 %.

Hocquard [5] fand unter 15 Fällen von Retinitis pigmentosa fünfmal Complication mit Taubstummheit = 33 %, ferner unter 200 Taubstummen 5 mit Retinitis pigmentosa behaftet = 2,5 %.

---

1) On dieseases and injuries of the eye by J. R. Wolfe, Lond. 1882.

2) Die Farbenblindheit, ihre Prüfungsmethoden und ihre praktische Bedeutung. Leipzig 1882.

3) Centralblatt f. Augenh. 1880. p. 275.

4) Deutsche Klinik 1861.

5) De la rétinite pigm. Etude clinique etc. Paris 1875.

Leber [1]) gibt an, dass 20% von Retinitis pigmentosa mit Taubheit oder Schwerhörigkeit complicirt sind.

Badal [2]) untersuchte 200 weibliche Taubstumme und fand in 7 Fällen Retinitis pigmentosa = 3,5%.

Derigs [3]) hatte unter 60 Fällen von Retinitis pigmentosa 4 Mal Taubstummheit aufzuführen = 6,6%.

Schäfer [4]) bestätigt den Zusammenhang der Retinitis pigmentosa mit angeborener Taubheit oder Schwerhörigkeit, indem unter 95 Fällen von Retinitis pigmentosa 5 mit Taubheit behaftet beobachtet wurden = 5,2%.

In der Tübinger Klinik wurde bei 41 Fällen 8 mal (= 19,5%) Schwerhörigkeit beobachtet, Taubstummheit in der Familie des Patienten 1 mal.

Hier finde auch eine Notiz von Jäger und Wecker [5]) Platz. »Wir glauben, dass jede Retinitis typischer Form angeboren ist, aber die Varietäten, welche einen langsamen Verlauf nehmen, zeigen sich nicht selten mit Entwicklungsstörungen, Bildungshemmungen und Defekten der Intelligenz complicirt.

Den Idiotismus betreffend, so berichtet Liebreich von 50 Idioten, von denen 3 (6%) mit Retinitis pigmentosa behaftet waren.

Höring [6]) untersuchte 31 schwachsinnige Kinder in Stetten, davon hatten 4 (= 12,18%) Retinitis pigmentosa. Er fügt bei: schon dieses spricht dafür, dass Retinitis pigmentosa sich gern mit irgendwelcher Verkümmerung, namentlich in der Entwickelung des Gehirns combinirt.

Es reiht sich hier auch das Vorkommen der Retinitis pigmentosa bei Microcephalie an [7]), wozu vielleicht auch von

---

1) l. c.
2) Annales des maladies de l'oreille etc. Nro 4. 1881.
3) l. c.
4) Die Augen der Zöglinge der Taubstummenanstalt in Gerlachsheim. Centralbl. f. Augenheilkunde. 1884. März.
5) Traité des maladies du fond de l'oeil etc. 1870.
6) Klin. Monatsbl. 1865 p. 236.
7) Bayer, Ueber Retinitis pigmentosa, Bonn 1872.

Hutchinson[1]) beobachtete Fälle von angeborener Amaurose
mit atrophischen Herden im Pigmentepithel bei Microcephalie
zu rechnen sind. Auch in der Tübinger Klinik wurde ein Fall
von Microcephalie beobachtet.

Wecker[2]) fand angeborene Schwachsinnigkeit besonders bei den Fällen mit frühzeitiger oder hochgradiger Abnahme der Sehschärfe. Auch nach Leber's Erfahrungen sind
bei typischer Retinitis pigmentosa häufig die geistigen Fähigkeiten nicht gut entwickelt.

Defekte der intellektuellen Fähigkeiten konnten bei den
Fällen der Tübinger Klinik zwölfmal constatirt werden.

Endlich ist Pigmentdegeneration der Netzhaut auch in
Verbindung mit infantiler Lähmung[1]) oder mit Verkümmerung der Extremitäten, vielleicht durch dieselbe
Ursache erzeugt, beobachtet[3]). Weiter ist zu erwähnen die
Complikation mit angeborener Missbildung der Extremitäten, namentlich mit überzähligen Fingern und Zehen,
die wohl auch auf eine Störung im Centralnervensystem zurück-
zuführen ist und auch vielfach mit angeborener Schwäche der
geistigen Fähigkeiten combinirt ist[4]).

Ueberzählige Finger und Zehen fanden sich in der Tübinger Klinik in 2 Fällen.

Nachdem im Vorstehenden die aus Verwandtenehen für die
Nachkommenschaft hervorgehenden Schädlichkeiten überhaupt
und sodann die nahe Beziehung der Retinitis pigmentosa zu
denselben besprochen wurden, sollen im folgenden die in der
mir zugänglichen Literatur verzeichneten Fälle von Retinitis
pigmentosa, sofern sie von den Autoren auf das ätiologische
Moment der Blutsverwandtschaft hin geprüft wurden,
zusammengestellt werden.

---

1) Hutchinson, Notes of misc. cases. Ophth. Hosp. Rep. V.
1866.

2) Traité des maladies des yeux. 1868.

3) Mauthner, Lehrbuch der Ophthalmoskopie. Wien 1866 p. 386.

4) Höring, klinische Monatsblätter. 1864. p. 233 und Stör, Ibid.
1865. p. 23.

Aus der älteren Literatur dürfte vielleicht Dumont[1]) heranzuziehen sein, welcher unter 1168 Blinden des »Hospice des Quinze-Vingts« 12 Mal (= 1 %) die Erblindung in Folge Blutsverwandtschaft der Eltern annimmt.

Berücksichtigt man aber, dass, wie oben (cf. p. 218) erwähnt, unter den 1168 Fällen 68 Fälle in Form der ererbten Blindheit und unter diesen wieder 22 in Form der Amaurose sich fanden, so dürfte die Procentzahl der durch blutsverwandte Ehen erzeugten Erblindung beträchtlich steigen (c. 18 % ?).

Bestimmte Angaben über das Vorkommen der Retinitis pigmentosa bei Nachkommen blutsverwandter Eltern machen folgende Autoren:

1) Liebreich (l. c.) nimmt 40,0 % an.

2) Mooren[2]) untersuchte 34 Fälle, davon stammten 9 von Ehen Blutsverwandter = 26,4 %.

3) Höring (l. c.) fand in der Anstalt für schwachsinnige Kinder in Stetten unter 31 Kindern 4 mit Retinitis pigmentosa, davon eines aus Ehen Blutsverwandter = 25,0 %.

4) Wecker und Jäger (l. c.) nehmen in ⅓ der Fälle Blutsverwandtschaft der Eltern an = 33,3 %.

5) Hocquard (l. c.) fand unter 15 Fällen von Retinitis pigmentosa 4 aus Ehen Blutsverwandter = 26,6 %.

6) Nolden (l. c.) unter 33 Fällen 8 aus Ehen Blutsverwandter = 24,2 %.

7) Liebreich soll in den Taubstummenanstalten von Paris unter 7 Fällen von Retinitis pigmentosa 3 aus Ehen Blutsverwandter gefunden haben[3]).

8) Hocquard[4]) soll unter 200 Taubstummen 5 mit Retinitis pigmentosa, darunter 3 aus Verwandtenehen stammende gefunden haben = 60,0 %.

9) Leber (l. c.) berichtet über 66 Fälle, davon 18 aus Ehen Blutsverwandter = 27,3 %.

---

1) l. c.
2) Ueber Retinitis pigmentosa. Klin. Monatsblätter. 1863. p. 93.
3) Annales d'Oculistique. T. 77. S. 144.
4) Ibidem.

10) Bader[1]) hat unter 60 Fällen 16 aus Ehen Blutsverwandter = 26,6 %.

11) Webster[2]) hat unter 22 Fällen in 3 Blutsverwandtschaft der Eltern gefunden = 13,6 %.

12) Hirschberg[3]) glaubt, dass in c. 25 % Blutsverwandtschaft nachzuweisen sei.

13) Hutchinson[4]) hat unter 23 Fällen 8 Mal Consanguinität der Eltern beobachtet = 34,7 %.

14) Badal[4]) fand unter den Taubstummen Bordeaux's 7 mit Retinitis pigmentosa behaftet. Davon stammten 3 aus Verwandtenehen = 42,8 %.

15) Derigs[4]) unter 27 Fällen in 7 Consanguinität der Eltern = 25,9 %.

16) Mooren[4]) glaubt neuerdings, dass in 1/3 der Fälle Verwandtschaft der Eltern bestehe = 33,3 %.

17) In der Tübinger Klinik war unter 41 Fällen in 14 Blutsverwandtschaft der Eltern nachweisbar.

Zu anderen Resultaten kamen:

Pagenstecher[5]), der Retinitis pigmentosa 9 Mal beobachtete. In keinem Falle fand sich Abstammung von blutsverwandten Eltern.

Macnamara[6]) führt die Thatsache an, dass er Retinitis pigmentosa ungemein häufig bei den Hindus vorfindet, während ihre Religion das Heiraten unter Verwandten strengstens verbietet. Er glaubt, dass Retinitis pigmentosa öfters von hereditärer Lues abhängt.

Noch wäre eine Arbeit zu erwähnen, die im Jahr 1859 durch das Comité nordamerikanischer Aerzte veröffentlicht wurde[7]) und über 803 Ehen berichtet, die zwischen Blutsverwandten verschiedenster Verwandtschaftsgrade geschlossen wur-

---

1) Guy's Hosp. Rep. 1877.
2) Jahresbericht für Ophthalmologie für 1878. p. 338.
3) Berl. klin. Wochenschr. 1879. Nr. 47.
4) l. c.
5) Klinische Beobachtungen. 1862.
6) A Manual of the diseases of the eye. 1868.
7) Annales d'hygiène. 1862.

den. Da indess die Giltigkeit jener amerikanischen Statistik stark in Zweifel gezogen wird (cf. Magnus p. 148), dürfte sie eher übergangen werden.

Mit Uebergehung der Angaben Dumont's findet sich bei Berechnung des durchschnittlichen Procentsatzes sämmtlicher 17 statistischen Zusammenstellungen die Zahl 31,8 %, ein Ergebniss, das den Resultaten der Tübinger Klinik (34,1) sehr nahe kommt. Die meisten Ophthalmologen geben 25—30 % an, nur wenige (Webster mit 13,6 % und Hocquard mit 60 %) differiren bedeutend in ihren, vielleicht weniger zuverlässigen, Angaben.

Von verschiedenen Autoren, sowohl Verteidigern als Gegnern der Ehen Blutsverwandter wird angenommen, dass unter günstigen socialen Verhältnissen ein nachteiliger Einfluss nicht zu Tage trete. So sagt G. Darwin l. c. p. 40 »Mitschell kam zu dem Schlusse, dass unter günstigen Lebensbedingungen die sichtbaren üblen Wirkungen häufig fast Null wären, während, wenn die Kinder schlecht ernährt, schlecht wohnten und schlecht bekleidet wurden, das Uebel sehr hervortretend werden könnte. Dies befindet sich in auffallender Uebereinstimmung mit einigen nicht veröffentlichten Experimenten meines Vaters, Charles Darwin, über die Inzucht der Pflanzen; denn er hat gefunden, dass innerhalb der Art gezüchtete Pflanzen, wenn ihnen Raum genug und guter Boden gewährt wird, wenig oder keine Entartung zeigen, während sie, zum Kampf um's Dasein mit andern Pflanzen gezwungen, häufig zu Grunde gehen oder im Wachsthum zurückbleiben.«

Aehnlich sagt E. Reich[1]): »Bei gesunder aktiver Bevölkerung unschädlich, trägt das Heiraten im Kreise naher Verwandtschaft bei passiver, entnervter Bevölkerung in hervorragendem Maasse dazu bei, degenerirte Zustände einzelner Gehirnorgane durch Erbschaft zu erhalten, zu verbreiten und zu steigern.«

Solchen Ansichten tritt Mooren (l. c.) in neuester Zeit entschieden gegenüber, nachdem er genaue Forschungen über

---

1) Pathologie der Bevölkerung Berlin 1879.

die geographische Verbreitung der Retinitis pigmentosa angestellt hat. Er sucht an der Hand seiner Ergebnisse die Behauptung zu entkräften, dass nur bei heruntergekommenen Bevölkerungen die degenerativen Störungen bei Verwandtenheiraten zur Geltung kommen und dass ein bestimmter Volksstamm eine grössere Disposition darbiete. Er kommt dann zu dem interessanten Ergebnisse, dass da ein niedrigerer Procentsatz von Erkrankungen an Retinitis pigmentosa anzutreffen ist, wo die Summe der Ehehindernisse eine grössere ist, wo das kanonische Recht zur Anwendung kommt. Er glaubt darum den pathologischen Faktor in der Ehegesetzgebung suchen zu müssen.

Damit übereinstimmend berechneten H. Cohn und Bergmann[1]) die Einwirkung der Blutsverwandtschaft bei Taubstummen in Gegenden ohne kanonische Beschränkung (Regierungsbezirk Breslau) mit 15,8 %, in Gegenden mit kanonischer Beschränkung (Regierungsbezirk Köln) mit 2,16 %.

»Eine jede Statistik muss darum, sagt Mooren, mit Rücksicht auf die in dem betreffenden Bezirk giltige Ehegesetzgebung geführt werden.«

Mooren führt weiter aus, der Schädlichkeitsfaktor der Blutsverwandtschaft mache sich um so mehr geltend, je mehr sesshaft eine Bevölkerung ist; es stimmt dies überein mit den von G. Darwin gefundenen Resultaten, dass nemlich die Zahl der Geschwisterkinderehen in der mehr sesshaften Bevölkerung ländlicher Bezirke Englands eine grössere (= 2¼ %) ist, als die in der fluktuirenden Bevölkerung der Städte (= 1,5 %). Die ungeheure Fluktuation der Bevölkerung in Nordamerika und Australien lässt (nach Mooren) den Schädlichkeitsfaktor der Blutsverwandtschaft fast gar nicht zur Geltung kommen.

Noch sei aus der neuesten Zeit eine Stimme erwähnt, welche in nachdrücklicher Weise die gesetzliche Unterdrückung der Verwandtenehen anstrebt.

---

1) Ueber die Ursachen der Taubstummheit mit Berücksichtigung der Ehen unter Verwandten.

Steffan [1]) sagt: »Es ist ein unleugbares Naturgesetz, dass in der Nachkommenschaft solcher Ehen ein ganz unverhältnissmässig, ja erschreckend hoher Procentsatz körperlich und geistig elender Individuen sich befindet. Vier Fünftel der Ehen unter Blutsverwandten bringen der Nachkommenschaft Nachteil; dieser zeigt sich dann in Form von Blindheit oder Taubstummheit oder Lähmungen oder Stumpf- und Blödsinn. An den Augen sind angeborene Sehnervenatrophie und die sogenannte getigerte Netzhaut hervorzuheben. Der § 33 des deutschen Reichsgesetzbuches verbietet die Ehe zwischen Verwandten in auf- und absteigender Linie, dagegen giebt er die Ehe vollkommen frei zwischen Geschwisterkindern jeden Grades, zwischen Oheim und Tante einerseits, mit Nichte und Neffe andrerseits. Diese Freigabe der Ehebefugniss zwischen nahen Verwandten ist ein Unglück für den Staat.«

Ausser den bis jetzt aufgeführten, in der Aetiologie der Retinitis pigmentosa eine so wesentliche Rolle spielenden Faktoren, — der Heredität und der Consanguinität — werden von den Autoren noch einige andere Momente genannt, die aber von weit untergeordneterer Bedeutung sind. Vor Allem ist es die Syphilis, die von einzelnen Ophthalmologen als die häufigste Ursache der Retinitis pigmentosa beschuldigt wird, von andern ganz gestrichen wird in der Reihe der ätiologischen Momente der typischen Pigmententartung. Galezowski[2]) glaubt jede Retinitis pigmentosa auf syphilitischen Ursprung entweder bei den Eltern, oder den Patienten selbst, zurückführen zu können.

Quaglino [3]) erklärt für die häufigste und meist beglaubigte Ursache der Retinitis pigmentosa die Syphilis.

Leber [4]) macht über die Häufigkeit des syphilitischen Ur-

---

1) Was können wir, der Einzelne, die Gemeinde und der Staat, dazu beitragen, dem Uebel der Blindheit zu steuern? Vortrag, gehalten in Frankfurt a. M. 1882.

2) Congrès d'Ophthalmologie 1867.

3) Intorno all a retinite pigmentosa. Annali di Ottalm. XII. 5. S. 372. 1883.

4) A. f. O. XVII. 1.

sprunges keine Angaben. Nicht complicirte, vollständig typische Retinitis pigmentosa syphilitischen Ursprungs erinnert er sich nicht gesehen zu haben.

Später sagt er [1]): »In keinem Fall, wo ich Syphilis mit Wahrscheinlichkeit als Ursache nachweisen konnte, waren alle Symptome der typischen Pigmentdegeneration vorhanden, namentlich war das Auftreten und der Verlauf häufig abweichend etc.«

In ähnlicher Weise führt Hutchinson [2]) aus: »dass Syphilis die Ursache der Retinitis pigmentosa werden könne, welche sich aber doch von der gewöhnlichen Retinitis pigmentosa unterscheide, nämlich durch die schnellere Entwickelung des Prozesses und die frühzeitiger eintretende Erblindung, durch den Mangel des symmetrischen Ergriffenseins beider Augen, durch die häufig runde Form der Pigmentflecke und ihre unregelmässige Anordnung, durch gleichzeitiges Ergriffensein der Chorioidea. Hutchinson glaubt, dass die Veränderungen der Chorioidea, die bei typischer Retinitis pigmentosa nicht vorhanden oder unbedeutend und sekundär entstanden sind, — bei syphilitischer Retinitis pigmentosa die primären Erscheinungen sind und im Vordergrund der Erkrankung stehen.

Baumeister [3]) hält bei einseitiger Retinitis pigmentosa den Verdacht auf Lues für gerechtfertigt.

Inwieweit akute, fieberhafte Infektionskrankheiten zur Entstehung der Krankheit beitragen, mag dahingestellt sein.

Leber lässt die Frage offen, ob Typhus, Meningitis, Erysipel, Scharlach u. s. w. die Krankheit verursachen können.

Mauthner [4]) führt den Fall eines Soldaten an, der unter der glühenden Sonne Mexikos 2 Jahre zugebracht hatte und früher vollständig gesund war, an Retinitis pigmentosa erkrankte und von ihm beobachtet wurde. Derselbe gab an,

---

1) Graefe-Sämisch V.
2) Jahresbericht f. Ophthalm. 1871 S. 298.
3) Jahresbericht f. Ophthalm. 1873.
4) Lehrbuch der Ophthalmoskopie. p. 387.

dass auch andere Soldaten an Hemeralopie erkrankten und auch bei Tage schlechter gesehen haben.

Quaglino (l. c.) nennt neben verschiedenen Ursachen, wie Epilepsie, Rheumatismus und Ueberanstrengung der Augen bei Petroleumbeleuchtung auch Pellagra auf Grund einer Beobachtung von Rampoldi[1]). Dieser sah 4 Brüder mit Retinitis pigmentosa behaftet, die Eltern waren blutsverwandt. Bei einem der Brüder wurde Pellagra konstatirt und nach dessen Aussage hatten die 3 andern Brüder dieselbe Krankheit und die Mutter war an derselben gestorben.

Derigs (l. c.) führt neben Consanguinität der Eltern als Ursache auf in 3 Fällen schwere, fieberhafte Erkrankungen und einmal Sonnenstich.

In der hiesigen Klinik trat nach Angabe der Patienten das Leiden 7mal im Anschluss an akute, fieberhafte Krankheiten auf.

Das Augenleiden soll über die ganze Erde verbreitet sein. Die Juden sind häufiger ergriffen. In der Türkei und in Ostindien ist die Krankheit ziemlich verbreitet.

Die Männer zeigen entschieden eine grössere Disposition zu der Erkrankung als die Weiber, sofern $3/4$ aller Fälle bei Männern vorkommen (Leber). Die relative Immunität des weiblichen Geschlechtes zeigt sich auch darin, dass in Familien, wo das Leiden heimisch ist, die weiblichen Glieder häufig verschont oder in kleinerer Zahl ergriffen werden.

Unter 54 Fällen von Retinitis pigmentosa fand Leber 47 Männer und 7 Weiber und mit Einschluss der nach der Anamnese sonst noch ergriffenen Glieder unter 70 Fällen 56 Männer und 14 Weiber, so dass also 80 % Männer und 20 % Weiber befallen wurden.

Derigs erwähnt 27 Fälle, von denen 19 (= 70 %) Männer und 8 (= 30 %) Weiber betrafen.

In der Tübinger Klinik waren unter 41 Fällen 28 Männer und 13 Weiber (= 68,3 % Männer und 31,7 % Weiber).

Nach einer grösseren Zusammenstellung (152 Fälle) waren

---

1) Retinite pigmentosa in 4 fratelli pellagrosi. Annali di Ottalm. XII. 5. S. 268.

73 % der Befallenen männlichen, 27 % weiblichen Geschlechtes (L e b e r).

Als durchschnittlicher Procentsatz ergibt sich: 72,8 % Männer und 27,2 % Weiber werden von der Retinitis pigmentosa ergriffen.

Die Resultate der Zusammenstellung betreffend die Aetiologie der in der Tübinger Klinik beobachteten Fälle von Retinitis pigmentosa seien im Folgenden angeschlossen.

Mit Rücksicht auf die bekannte Erfahrung, dass die anamnestischen Daten auch intelligenter Patienten über selbst relativ einfache Verhältnisse in vielen Fällen recht unzuverlässig sind, wurden, um wirklich genaue Mitteilungen über die etwaige Blutsverwandtschaft der Eltern der an Retinitis pigmentosa erkrankten Personen machen zu können, die Nachforschungen über diesen Punkt in der Art angestellt, dass an sämmtliche Pfarrämter der Gemeinden, aus denen die Patienten stammten, die briefliche Bitte gerichtet wurde, auf Grund der in den Kirchenbüchern enthaltenen Familienregister, womöglich mit Beifügung eines Stammbaumes die Frage zu beantworten, ob die Eltern der Patienten blutsverwandt waren oder nicht? Indem so etwaige Blutsverwandtschaft urkundlich beglaubigt wurde, war man der Aufgabe enthoben, sich auf die mehr oder weniger zuverlässigen Angaben der Patienten oder ihrer Angehörigen verlassen zu müssen. Sämmtliche Anfragen sind von den betreffenden Behörden in dankenswerthester Weise nach Wunsch beantwortet worden. Die diesbezüglichen Notizen hat mir Herr Prof. Dr. S c h l e i c h, der sie gesammelt hat, überlassen.

In folgender tabellarischer Zusammenstellung finden sich Geschlecht, Alter, Angaben über die erste Zeit des Auftretens, eine kurze Bemerkung über das Resultat der Funktionsprüfung, und den objektiven Befund, soweit sich auffallende Complikationen ergaben, verzeichnet. Ferner sind Angaben über die intellectuellen Fähigkeiten, das Gehör, etwaige anderweitige Defekte und Missbildungen gemacht. Die Verwandtschaftsverhältnisse der Eltern, Daten über etwaiges Vorkommen des Leidens bei den Eltern, Geschwistern, Verwandten und Kindern und über auffallende Defekte derselben finden sich in den letzten Rubriken der Tabelle verzeichnet.

(Siehe inliegende Tabelle.)

Fassen wir in aller Kürze die Ergebnisse dieser Zusammenstellung für die Aetiologie der Retinitis pigmentosa zusammen, so haben wir für die Mehrzahl der Fälle keinerlei Anhaltspunkte für die Bestimmung derselben.

In einer nicht näher zu bestimmenden Anzahl von Fällen ist Heredität die wahrscheinliche Ursache. In der Tübinger Klinik kam kein Fall von direkter Vererbung zur Beobachtung, wenn man von den Angaben eines an Retinitis pigmentosa leidenden Vaters (cf. Tab. Fall 26) absehen will, dass ein Kind desselben ebenfalls mit »Nachtschatten« behaftet sei; letzteres konnte übrigens nicht untersucht werden, wesshalb es auch nicht als besonderer Fall aufgeführt ist. Es muss hier hervorgehoben werden, dass selbstverständlich an Retinitis pigmentosa leidende Personen wegen der durch das Leiden bedingter Hindernisse viel seltener in die Lage kommen, sich zu heiraten, demgemäss Fälle direkter Vererbung selten sein werden.

Hereditäre Anlage ist in allen Fällen anzunehmen, wo mehrere Geschwister oder in einer grösseren Familie mehrere Verwandte von dem Leiden betroffen sind. Es ist hier absichtlich eine bestimmte Zahlenangabe aus unserem Materiale unterlassen, da die diesbezüglichen Daten als nicht absolut zuverlässig anzusehen sind, weil sie meist von den Patienten oder ihren Angehörigen, in nur seltenen Fällen auf eigener Beobachtung oder zuverlässiger Mitteilung beruhen, und bei derartigen Zahlenangaben, die nicht auf zuverlässigen Daten beruhen, sich sehr häufig grosse Fehler einschleichen. In einigen dieser Fälle von Heredität war zugleich Blutsverwandtschaft der Eltern vorhanden.

Während aus den oben angeführten Arbeiten eine Zusammenstellung sämmtlicher Fälle mit Angabe der diesbezüglichen Verhältnisse bei 31,8 % derselben Blutsverwandtschaft der Eltern ergab, lässt sich bei den von mir zusammengestellten 41 Fällen mit zuverlässigen Angaben über diesen Punkt (Fall 42 ist nicht berücksichtigt), constatiren, dass in 14 Fällen Bluts-

verwandtschaft der Eltern vorhanden war, und zwar
bei 5 Blutsverwandtschaft der Eltern im 2ten Grade gleicher
Linie,
» 3 » » » » 3ten » ungleicher
Linie,
» 6 » » » » 3ten » gleicher
Linie
(nach kanonischem Rechte), bei entfernterer Verwandtschaft der
Eltern ist kein Fall beobachtet.

Wenn die Annahme berechtigt ist, dass mit Abnahme des
Verwandtschaftsgrades zunächst die Häufigkeit der Ehen Blutsverwandter, sodann aber auch die Fruchtbarkeit dieser Ehen
zunimmt, so ist hervorzuheben, dass unter unsern Fällen von
Retinitis pigmentosa bei Nachkommen blutsverwandter Ehen
unverhältnissmässig viel mehr aus Ehen im zweiten Grade
Blutsverwandter gegenüber solchen entfernterer Verwandten
abstammen, dass ferner bei weiter entfernter Verwandtschaft
der nachteilige Einfluss dieser Ehen abgeschwächt oder ganz
aufgehoben scheint.

Mit der oben erhaltenen Durchschnittszahl von 31,8 %
stimmt unser Durchschnittsresultat (14 : 41 =) 34,1 % auffallend überein und ist in der That diese Zahl eine sehr hohe,
definitiv entscheidend für unsere Frage freilich erst, wenn zu-
verlässige Angaben über das Häufigkeitsverhältniss der Ehen
Blutsverwandter zu denen nicht Blutsverwandter zu Gebote
ständen.

Betreffs der Syphilis sprechen sich die meisten Autoren
in verneinendem Sinne aus, soweit es sich um die typische,
auf beiden Augen auftretende Erkrankung der Retina handelt.
Andere besonders französische Autoren nehmen Syphilis als
häufige Ursache an. In der Tübinger Klinik konnte Syphilis
nie in Fällen beiderseitiger typischer Pigmententartung als
Ursache nachgewiesen werden. Jedenfalls ist dabei angeborene
und acquirirte Syphilis zu trennen. Fälle von einseitiger nicht
typischer Retinitis pigmentosa bei Syphilis sind wohl beobachtet,
aber nicht hier aufgeführt worden.

Endlich wurden akute, fieberhafte Krankhheiten

als ätiologische Momente aufgeführt, mit welchem Recht, bleibt dahingestellt. Auch in der hiesigen Klinik sollen nach bestimmten Angaben der Patienten in einigen Fällen akute Infektionskrankheiten die Ursache der Erkrankung gewesen sein. Nach schwerem Typhus soll das Leiden 2mal, nach Scharlach 3mal, nach Gesichtsrose 1mal aufgetreten sein. In zweien dieser Fälle wurde Consanguinität der Eltern konstatirt. Akute Verschlechterung nach fieberhaften Krankheiten soll häufig vorkommen.

Was sodann die anderweitigen Complikationen der hier beobachteten Fälle betrifft, so war die Retinitis pigmentosa 10mal mit Defekt des Gehörs, 12mal mit Defekt in den intellektuellen Fähigkeiten verbunden. In 2 Fällen bei 2 Geschwistern kam Polydactylie, 2mal Stottern, 1mal Microcephalus zur Beobachtung.

An den Augen selbst sind 2mal angeborne complicirte Cataraktbildung, und in 2 Fällen beiderseitiges Glaukom beobachtet worden.

Die bekannte Thatsache, dass das männliche Geschlecht viel häufiger von der Krankheit betroffen wird, als das weibliche, wird auch durch unser Material bestätigt.

Unter sämmtlichen 42 Fällen betrafen 28 (= 66,6 %) das männliche, 14 (= 33,3 %) das weibliche Geschlecht.

Am Schluss dieser Arbeit ist es mir eine angenehme Pflicht, Herrn Prof. Dr. Nagel, Vorstand der ophthalmiatrischen Klinik in Tübingen, und Herrn Prof. Dr. Schleich für ihre gütige Unterstützung bei der vorliegenden Arbeit meinen wärmsten Dank auszusprechen.

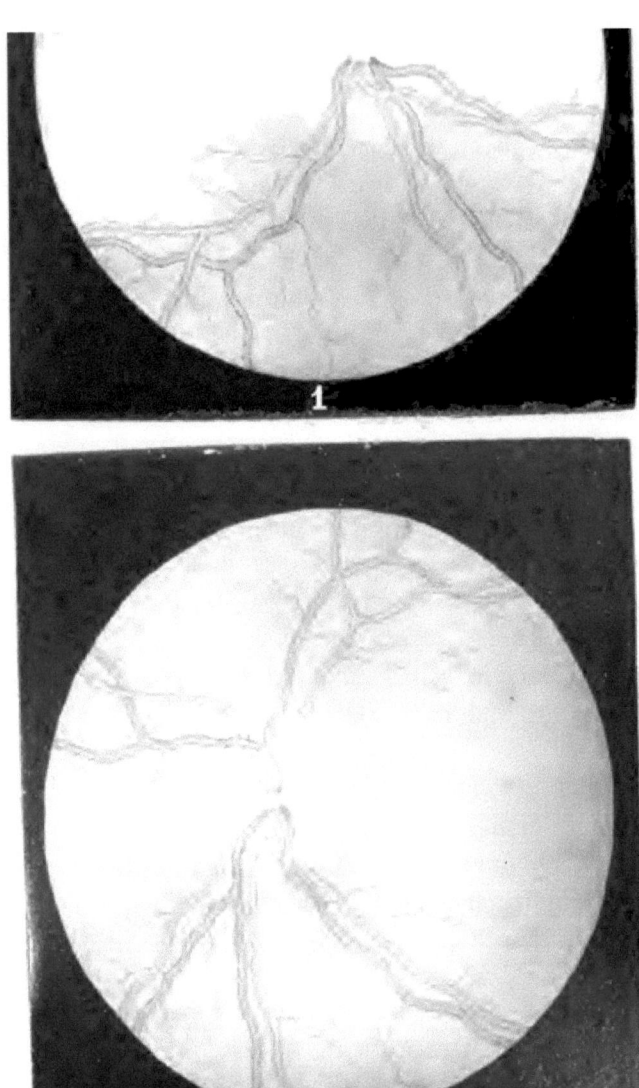

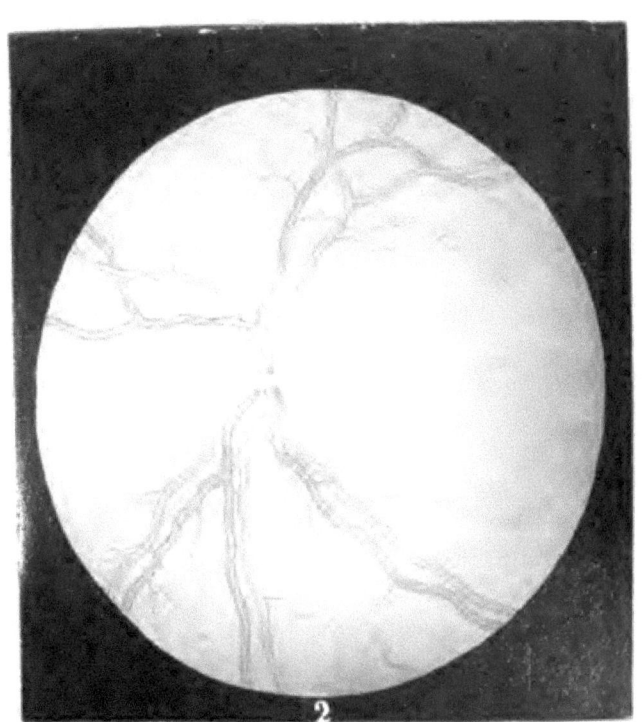

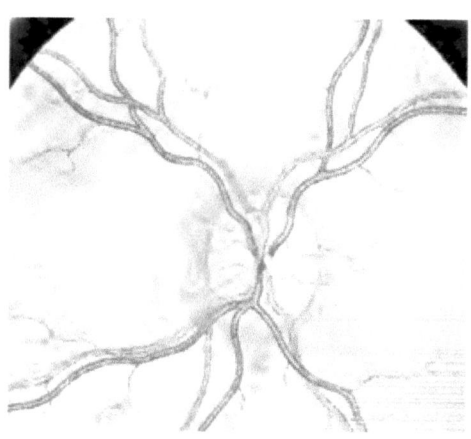

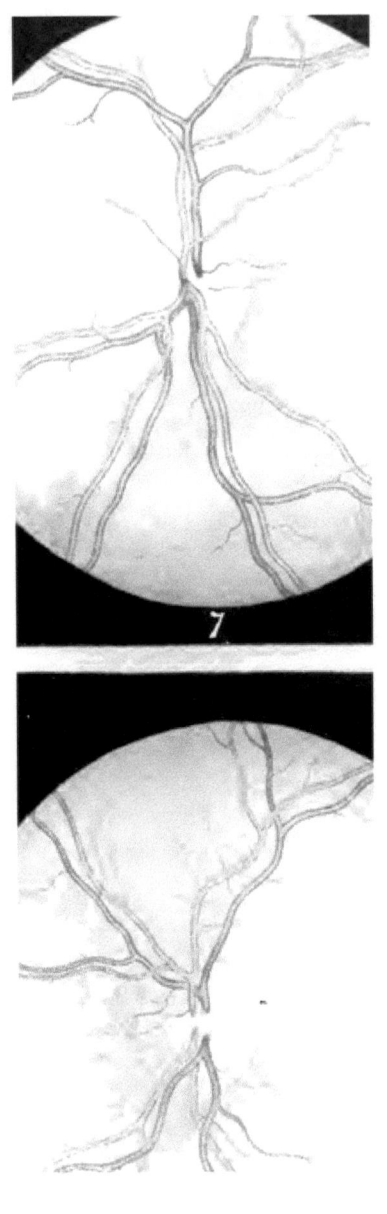

7

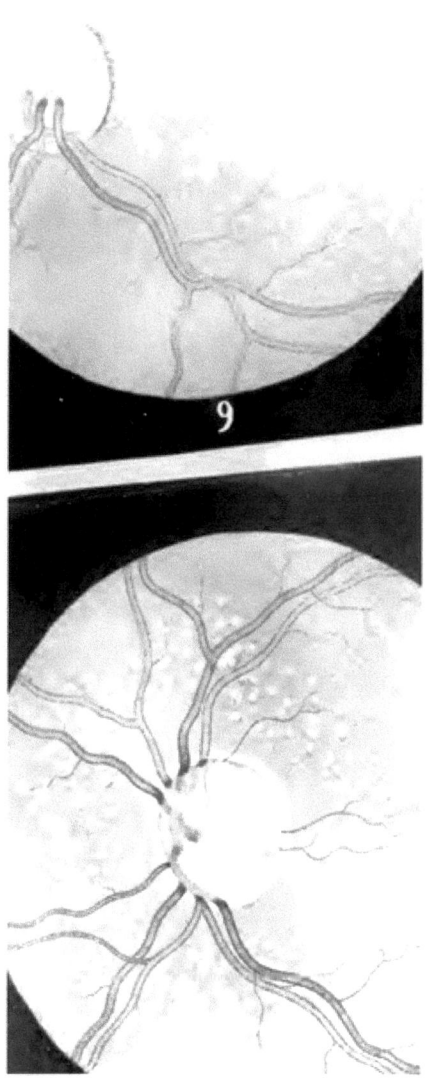

9

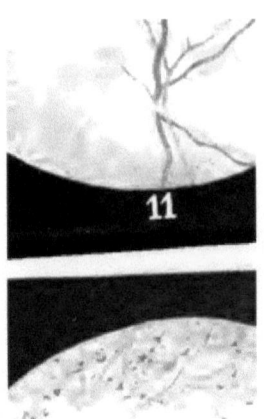